Die maschinelle Bank-Buchhaltung

ihre Idee und Organisation

Von

W. Hesselmann

Organisator für maschinelle Industrie- und Bankbuchhaltung

München.

1925

München, Berlin und Leipzig

J. Schweitzer Verlag (Arthur Sellier).

Inhaltsverzeichnis.

Druck von Dr. F. P. Datterer & Cie., Freising-München

Vorwort.

Ich komme einer mir oft aus Bankbeamtenkreisen gemachten Anregung nach, wenn ich versuche, meine Erfahrungen über maschinelle Bankorganisationen so darzulegen, daß auch der Nichtfachmann ein klares Bild über ihr Wesen und ihre Anwendung gewinnt und im Bedarfsfalle in der Lage ist, praktischen Gebrauch davon zu machen.

Da die maschinelle Buchführung für viele Bankbeamte noch etwas völlig Neues und Unbekanntes ist, außerdem auch sie wie die handschriftlich verbuchende Organisation für jedes Institut individuell ist, durfte ich nur das allen maschinellen Buchführungssystemen Gemeinsame und in einer Form bringen, die beim Leser möglichst wenig buchhalterische Kenntnisse voraussetzt. In Rücksicht darauf, habe ich auch Erörterungen rein theoretischer Natur nach Möglichkeit vermieden, und dort, wo sie notwendig waren, immer durch Beispiele aus der Praxis zu erläutern versucht.

Auch aus der Tatsache, daß die maschinelle Buchführung mit Buchungsmaschinen verschiedenster Systeme durchzuführen ist, ergab sich eine weitere Schwierigkeit. Meine Ausführungen durften — zwar von einem bestimmten System ausgehend — nicht so einseitig gehalten sein, daß sie mehr oder weniger zur Reklameschrift geworden wären.

So mußte ich auch aus diesem Grunde manches weglassen, glaube aber trotzdem, daß meine Darstellung so verständlich ist, daß sie ihren Zweck, Interesse gerade in Bankbeamtenkreisen für die maschinelle Buchführung zu wecken, erfüllt.

Die allgemeine Einführung maschineller Organisationen — sowohl bei Bank- als auch Industriebetrieben — ist nur noch eine Frage der Zeit, um so mehr, als unsere deutschen kaufmännischen Betriebe infolge des Krieges und der Nachkriegsjahre mit ihrem Währungsverfall gegenüber dem Auslande auf diesem Gebiete weit zurückgeblieben sind, und die der Stabilisierung der Mark folgende, heute noch nicht überwundene wirtschaftliche Krise von vielen Bankinstituten nur durch rationellste Arbeitsmethoden überwunden werden kann.

Auf Grund meiner Erfahrungen kann ich nur jedem Bankbeamten empfehlen, sich intensiv mit der maschinellen Organisation zu beschäftigen, und sich — sofern Gelegenheit dazu gegeben, die Fertigkeit im Bedienen von Buchungsmaschinen anzueignen, denn das Streben nach modernen, menschen- und damit unkostensparenden Arbeitsmethoden ist ein Zug der Zeit. Nur wer entsprechend gerüstet ist, wird im Existenzkampfe erfolgreich sein.

Der Verfasser.

I. Idee der maschinellen Buchführung.

Jeder Geschäftsvorfall erfordert zu seiner buchmäßigen Erledigung in der Regel mehrere Verbuchungen und evtl. Benachrichtigungen, deren Inhalt — wie man leicht durch Vergleiche feststellen kann — sich immer wiederholt, übereinstimmt in Text und Zahlen.

Tätigt z. B. ein Kunde eine Einzahlung, so erfordert dieser Geschäftsvorfall zunächst folgende, handschriftlich nacheinander zu erledigende Arbeiten: Ausschreiben der Quittung und der Kopie, Verbuchung in der Unreinen und Reinen Kasse, Übertragung ins Kontokorrent-Haupt- und Gegenbuch, wobei überall das Gleiche an Text und Zahlen erscheint, nämlich: Name des Kunden oder Einzahlers (evtl. auch des Begünstigten), Art der Einzahlung (ob bar oder Scheck), Betrag, Wertstellung und Datum.

Auf dieser inhaltlichen Übereinstimmung oder Ähnlichkeit von Buchungen und ihren Aufgaben, die durch ein und denselben Geschäftsvorfall entstanden sind, basiert die maschinelle Buchführung. Ihre Idee ist deshalb nichts anderes, als das Erfassen des Gemeinsamen solcher Buchungen und Buchungskorrespondenzen, um es gleichzeitig, d. h. in einem Arbeitsgange zu erledigen.

Voraussetzung für die Verwirklichung dieses Gedankens ist die Schematisierung der Geschäftsbücher und Formulare, die so angelegt werden müssen, daß das Gemeinsame sich deckt und durch die maschinelle Beschriftung im Durchschlagverfahren gebucht wird. Das ständig Wechselnde, z. B. in der Kassaprimanota die Namen der einzelnen Einzahler, wird seitlich so herausgerückt, daß es besonders geschrieben werden kann (s. Form. 1). Beim Entwurf von maschinellen Organisationen stellt man deshalb zunächst das Gemeinsame der zu verbindenden Arbeitsvorgänge fest und ordnet es im Formularentwurf so an, daß es sich beim Aufeinanderlegen deckt, während man das Ungleiche oder Wechselnde so anordnet, daß es von keinem anderen Formular bedeckt wird und infolgedessen im gleichen Arbeitsgange geschrieben werden kann.

Es ist einleuchtend, daß durch diese Kombinationsmöglichkeiten eine außerordentliche Verkürzung aller Arbeitsvorgänge, dadurch eine enorme Ersparnis an Zeit und Arbeitskraft und damit an Geld erzielt werden kann. Augenfällig ersieht man den Vorteil der maschinellen Organisation gegenüber der handschriftlichen aus der nachstehenden schematischen Darstellung vorerwähnten Geschäftsvorfalles.

Der Effekt der maschinellen Buchführung wird aber noch wesentlich erhöht durch die maschinelle Erledigung der mit jeder Buchung verbundenen rechnerischen Arbeiten, und weiter durch die absolute Sicherheit gegen Übertragungsfehler.

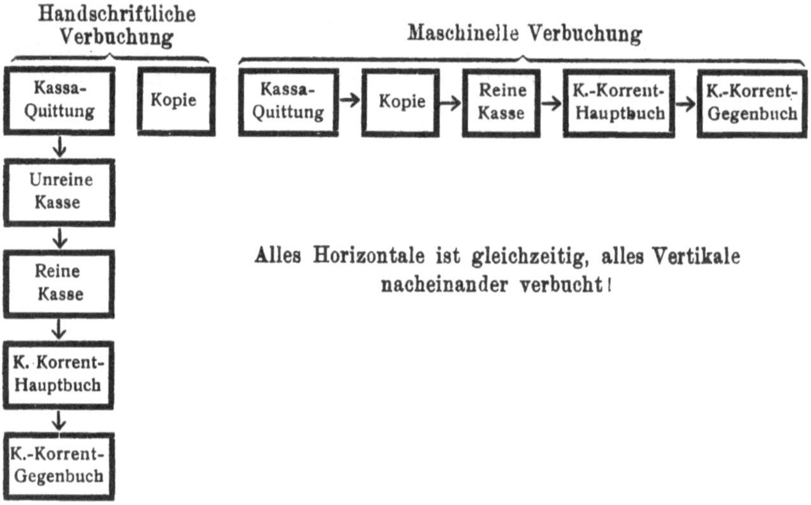

Wird z. B. einem Kunden für eine ausgeführte Überweisung eine Belastungsaufgabe geschrieben und mit diesem Arbeitsvorgang die Buchung der Primanota und des Kontokorrents verbunden, so wird der in die Belastungsaufgabe geschriebene Betrag selbsttätig von dem Zählwerk der Sollspalte der Primanota zu der evtl. bereits vorhandenen Sollsumme addiert und auf der Kontokorrentkarte entweder vom vorhandenen Habensaldo subtrahiert oder zum Sollsaldo addiert, sodaß also gleich nach der Buchung wieder der neue Saldo erscheint. Der belastete Betrag steht auch somit richtig in der Primanota und im Kontokorrent. Es genügt also, die Buchungsunterlage mit einem der kombinierten Arbeitsgänge zu kollationieren, um die richtige Übertragung in alle anderen festzustellen.

Je mehr Arbeitsvorgänge vereinigt werden können, um so rationeller ist das maschinelle System. Die Grenzen, die der Kombination von Arbeitsvorgängen durch die Anwendung des Durchschlagverfahrens mit Hilfe von Kohlepapier gesteckt sind, fallen mit der Einführung des Karbonisierverfahrens. Darunter versteht man den Ersatz von Kohlepapier durch auf der Rückseite der Formulare aufgedruckte abdruckfähige Flächen, die so angeordnet werden können, daß auf dem darunter liegenden Formular nur bestimmte Stellen eines Buchungsvorgangs sichtbar werden. Machen wir uns dies an einem Beispiel klar:

Angenommen die A-Bank handelt mit der B-Bank. Sie gibt holl. Gulden und empfängt engl. Pfunde. Sie bestätigt zunächst den Schluß durch Gutschrifts- und Belastungsaufgabe unter gleichzeitiger Mitteilung, wo sie die Gulden zur Verfügung stellt und die Pfunde zu empfangen wünscht. Weiter muß sie der Bank, bei der sie ihr Guldenkonto unterhält, den Zahlungsauftrag geben und der Bank, bei der sie ihr Pfundkonto führt, den eingehenden Pfundbetrag avisieren. Ohne Berücksichtigung der internen Buchungen wären also vier ursächlich zusammengehörende Arbeiten zu erledigen. Im Durchschlagverfahren unter Verwendung von Kohlepapier wären diese Arbeitsvorgänge wegen des jeweils anderen Inhalts unmöglich zu vereinigen, weil zwangsläufig alles, was auf das obere Formular geschrieben würde, auch auf allen anderen erschiene. Mit Hilfe des Karbonisierverfahrens ist es dagegen leicht möglich, Belastungs- und Gutschriftsaufgabe, Überweisungsauftrag und Avis zu vereinigen, denn die abdruckfähigen Stellen können bei den einzelnen Formularen so angebracht werden, daß nur immer der für jedes Formular bestimmte Text erscheint. Während bei der handschriftlich verbuchenden Organisation die Devisen-Buchhaltung und Korrespondenz scharfe Kontrollen notwendig machen, um eine Sicherheit gegen das sehr häufig vorkommende Vergessen einer Aufgabe oder eines Avises zu haben, werden bei der maschinellen Organisation mit Karbonisierverfahren alle Arbeitsvorgänge, die ein Arbitragegeschäft notwendig macht, zwangsläufig dadurch in einem Arbeitsgange erstellt, daß die Formulare nach Angaben der Bank bereits in der Druckerei zusammengestellt und gebündelt werden. Sie gelangen so in die Maschine und können nach der Beschriftung leicht getrennt werden.

Das Karbonisierverfahren hat die maschinelle Verbuchung erst zu ihrer heutigen Bedeutung gebracht, denn es ermöglicht fast jede Kombination. Es ist einer ausländischen Firma patentiert. Die Lizenzinhaberin für Deutschland ist die bekannte Firma Heinrich Zeiß (Unionzeiß), Frankfurt/Main. Diese Firma liefert karbonisierte Formulare für Buchungsmaschinen aller Systeme, hauptsächlich aber für die von ihr vertretene Elliott-Fisher-Buchungsmaschine, weil dieses System wegen seiner flachen Schreibplatte Kombinationen ermöglicht, die mit Walzen-Buchungsmaschinen nicht zu machen sind. Meinen Ausführungen liegen deshalb auch die mit diesem System gemachten Erfahrungen zuGrunde.

II. Organisation der maschinellen Buchführung.

Wer die Einrichtungen verschiedener Banken einem Vergleiche unterzieht, wird bald finden, daß die Individualität eines Instituts mehr bestimmt wird durch die Art der Erledigung der vorbereitenden Arbeiten (d. h. solcher die zur Buchung führen), als durch die Art der Verbuchung selbst, denn diese wird doch immerhin bestimmt durch die Regeln der doppelten Buchführung, die ja allein für das Bankgeschäft in Betracht kommt.

Da die maschinelle Organisation nun erst nach Erstellung der Buchungsunterlagen, also mit der Verbuchung selbst einsetzt, sie die handschriftliche Erledigung der vorbereitenden Arbeiten aber nicht ersetzen, sondern nur unterstützen kann, können Betriebseigenheiten nicht allein völlig gewahrt, sondern in der Regel auch bei Verwendung des „Karbonisierverfahrens" maschinell übernommen werden. Das ist nicht ohne Bedeutung, denn die Frage nach Erhaltung der betrieblichen Individualität wird bei Umstellungsabsichten fast immer aufgeworfen. Man läßt eben nicht gern von einer Methode, die sich bewährt und auf die man sich eingearbeitet hat.

Wie die handschriftliche, so wird auch die maschinelle Organisation deshalb überall mehr oder weniger verschieden sein, während gewisse Prinzipien — insbesondere die der doppelten Buchführung — immer wiederkehren werden.

Da es natürlich unmöglich war, die angeführten Beispiele so auszugestalten, daß sie der Eigenheit jedes Betriebes gerecht werden, mußte ich mich darauf beschränken, nur das wiederzugeben, was für jede maschinelle Organisation charakteristisch ist, d. i. die Erstellung der Grundbuchungen mit der Buchungskorrespondenz. Diese Verbindung ist allen maschinellen Organisationen eigen, individuell werden sie erst durch weitere Kombinationen, deren häufigste Buchungskorrespondenz, Primanoten und Kontokorrent oder Skontren sind. Sie sind darum auch hier als Beispiele gewählt, umsomehr, als jede andere Kombination von ihnen abgeleitet werden kann. Wann die eine oder andere Organisation zu wählen ist, muß von Fall zu Fall entschieden werden. Anhaltspunkte für die Beurteilung dieser Frage bieten folgende Charakteristiken:

Wenn das Kontokorrent gleichzeitig mit den verschiedenen Primanoten gebucht werden soll, kann dasselbe nicht in Buch-, sondern nur in Kartenform und räumlich wieder nur da geführt werden, wo die Primanoten gebucht werden. Da man nun nicht mehrere Kontokorrente führt, müssen notwendigerweise alle Buchungsmaschinen in der Kontokorrent-Abteilung zusammengezogen, „zentralisiert" werden. Daher die Bezeichnung „zentralisierte" Organisation (s. Schema A Seite 11).

Die Buchungsmaschinen für die Kasse, die Giro-, Scheck-, Wechsel-, Effekten- und Devisen-Sorten-Abteilung werden zweckmäßig nebeneinander aufgestellt, davor oder dahinter, von allen Maschinen leicht erreichbar die Kontokorrent-Kartothek, die von einem Beamten verwaltet wird. Kontokorrent-Haupt- und Gegenbuchhalter gibt es nicht mehr, da ja die Verbuchung der Kontokorrente gleichzeitig mit der Erstellung der Primanoten geschieht und auch das Gegenbuch (Auszug) gleich mit jeder Kontokorrentkarte verbunden ist und durchgeschrieben wird.

Der Kontokorrentkarten-Verwalter gibt nur die an den verschiedenen Maschinen benötigten Karten aus und sammelt sie sofort nach Gebrauch wieder ein. Durch diese dauernde Überwachung wird das Verschleppen oder gar der Verlust von Kontokorrentkarten wirksam verhindert. Die Gefahr eines Verlustes kann man noch dadurch herabmindern, daß der Kontokorrent-Beamte das Mitnehmen einer Karte in eine andere Abteilung nur gegen Erteilung einer Quittung gestattet und weiter durch die evtl. getrennte Aufbewahrung von Kontokorrent-, Haupt- und Gegen- (Auszug) Karte. Der Kontokorrentkarten-Verwalter genehmigt weiter nach Prüfung durch Abzeichnen der Belege Verfügungen seitens der Kundschaft.

Die Verbindung des Kontokorrents mit den Grundbuchungen ist insofern zweckmäßig, als nicht allein eine oder mehrere Maschinen und damit auch Bedienung für die Kontokorrent-Abteilung gespart werden, sondern es auch möglich ist, der Kundschaft mit jeder Aufgabe den neuen Saldo anzuzeigen, wodurch zweifellos Differenzen schnell aufgeklärt und Kontoüberziehungen mehr als bisher vermieden werden. Ein kleiner Nachteil ergibt sich allerdings bei dieser Kombination im Kassenverkehr, weil der Kunde auf die Erstellung seiner Quittung bei einem Einzahlungsgeschäft länger als bisher warten muß, denn die Quittung wird ja nicht an der Kasse selbst, sondern in der Maschinenabteilung ausgeschrieben. Bei ungeduldiger Kundschaft könnte ja zunächst eine an der Kasse ausgestellte Interimsquittung ausgehändigt werden, während die Originalquittung später entweder mit der Post zugeschickt oder zur Abholung bereitgestellt wird.

Wäre die Maschinen-Abteilung räumlich ungünstig zu den einzelnen Abteilungen gelegen, so würde ein weiterer Nachteil dieser Organisation darin zu sehen sein, daß von dem Bedienungspersonal der Abteilungsmaschinen bei Unklarheiten Rückfragen immer nur telephonisch oder durch Boten gehalten werden könnten.

Verteilen sich die Abteilungen, die vorbereitende Arbeiten erledigen, auf verschiedene Räume oder gar Stockwerke, ist es angebracht, die „dezentralisierte" Organisation zu wählen (s. Schema B Seite 12).

Da bei dieser Organisation das Kontokorrent nicht mit den Grundbuchungen erstellt wird, können die Buchungsmaschinen in ihren Abteilungen, also unmittelbar da aufgestellt werden, wo ihre Arbeiten vorbereitet werden. Die räumliche Trennung der Kontokorrent-Abteilung von den übrigen spielt indessen keine Rolle, da das Kontokorrent hier nur nach Belegen gebucht wird, die sofort nach Erstellung von den einzelnen Buchungsmaschinen durch Rohrpost, Aufzug oder Boten zur Kontokorrent-Buchungsmaschine gegeben werden. Bei dieser Organisation muß die Kontokorrent-Abteilung allerdings mindestens e i n e eigene Buchungsmaschine haben. Wegen der Verteilung der Maschinen auf die einzelnen Abteilungen bezeichnet man diese Organisation als „dezentralisierte".

Durch die Trennung des Kontokorrents von den Grundbuchungen wird eine andere Kombination bei entsprechender Anordnung und Einteilung der Formulare möglich, nämlich die Führung der Skontren in Verbindung mit der Erstellung der Grundbuchungen.

Die Skontren werden dann wie das Kontokorrent in Kartenform geführt. Jedes Skontro ist durch eine andere Kartenfarbe kenntlich gemacht, ja, man kann sogar jeder Gattung (z. B. bei Effekten, Devisen, Sorten) eine besondere Karte einrichten. Im letzteren Falle würde zwar durch das Anlegen der verschiedenen Karten eine Mehrarbeit entstehen, die sich allerdings reichlich bezahlt machen würde, da die Skontren immer „a jour", nach jeder Buchung saldiert und in Übereinstimmung mit den Grundbuchungen wären, wodurch manche Differenz mit allen ihren oft so unangenehmen Folgen vermieden würde.

Die „dezentralisierte" Organisation hat auch den Vorteil der schnelleren Verbuchung des einzelnen Geschäftsvorfalles für sich, da das Maschinenpersonal die Buchungsunterlagen unmittelbar aus der Abteilung heraus erhält und auch keine Kontokorrentkarten anzufordern braucht, für die Skontren aber nur wenige Karten in Frage kommen. Rückfragen sind auch schneller geklärt, da die Verbuchung ja da erfolgt, wo sie vorbereitet wird.

Damit seien die wichtigsten Unterschiede dieser beiden Organisationen — die im folgenden Abschnitt ausführlich in Formularbeispielen dargestellt sind — genannt. Der geschickte Organisator wird schnell herausfinden, welche für seinen Betrieb geeignet und wie sie individuell auszubauen wäre.

A) Schematische Darstellung einer Bankorganisation mit „zentralisierter“ Maschinen-Abteilung.

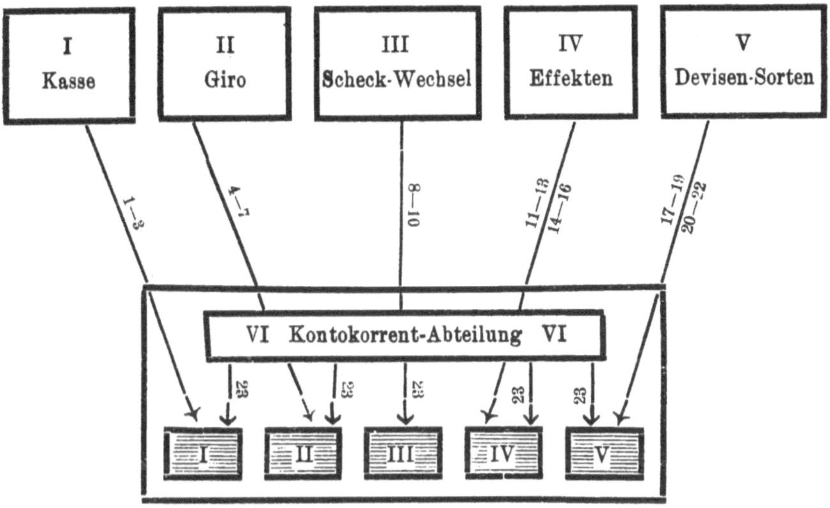

Formular-Muster:

I.	Kasse	1— 3, 23 (23 A)
II.	Giro	4— 7, 23 (23 A)
III.	Scheck-Wechsel .	8—10, 23 (23 A)
IV.	Effekten-Kauf .	11—13, 23 (23 A)
	Effekten-Verkauf	14—16, 23 (23 A)
V.	Devisen-Kauf .	17—19, 23 (23 A)
	Devisen-Verkauf	20—22, 23 (23 A)
VI.	Kontokorrent .	23, 23 A (nur in Verbindung mit I—V).

▨ : Buchungsmaschinen.

B) Schematische Darstellung einer Bankorganisation mit „dezentralisierter“ Maschinen-Abteilung.

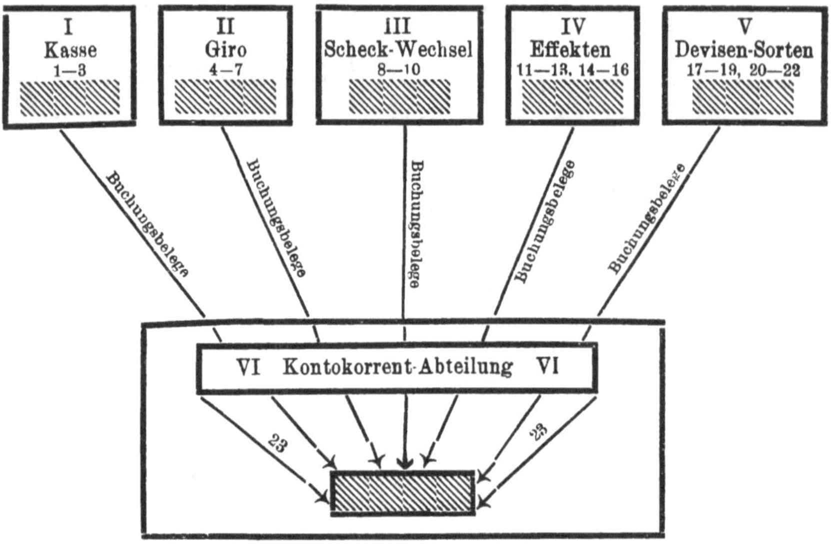

Formular-Muster:

I.	Kasse .	1— 3
II.	Giro	4— 7
III.	Scheck-Wechsel .	8—10
IV.	Effekten-Kauf .	11—13
	Effekten-Verkauf	14—16
V.	Devisen-Kauf .	17—19
	Devisen-Verkauf	20—22
VI.	Kontokorrent .	23, 23 A (nur nach Buchungsbelegen).

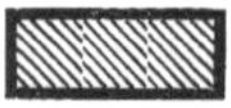
: Buchungsmaschinen.

III. „Zentralisierte" und „dezentralisierte" maschinelle Bankorganisation in Formularmustern mit Buchungsbeispielen und Erläuterungen.

Bestimmend für die Zusammenstellung der Musterformulare waren die im vorigen Abschnitt erläuterten Unterschiede zwischen „zentralisierter" und „dezentralisierter" Organisation. Das Unterschiedliche — hier also das Kontokorrent — wurde, um die Formularbeispiele nur einmal wiedergeben zu müssen, von den Formularmustern für die einzelnen Abteilungen getrennt und gesondert beigefügt. Zu den Formularbeispielen I—V muß man sich deshalb in jeder Abteilung F. 23 und F. 23 A hinzu denken, um ein geschlossenes Bild zu erhalten.

Die Kopien, die ja gleichzeitig mit der Buchungskorrespondenz erstellt werden, unterscheiden sich von den Originalen nur durch den sie als Duplikate kennzeichnenden Aufdruck, z. B. „Kopie", „Kopie! Nicht absenden!", „Nur für die Buchhaltung!" usw. Es erübrigt sich deshalb, sie besonders darzustellen.

Ein nicht zu unterschätzendes Hilfsmittel für die Mechanisierung der Buchungsarbeiten ist das Kennzeichnen der zusammengehörenden Formulare durch Buchstaben und Zahlen und die Unterscheidung der Gutschrifts- und Belastungsformulare durch verschiedene Färbung des Papiers oder Drucks. So könnten erstere in der Praxis in Schwarz, letztere in Rotdruck ausgeführt werden. Die Bedeutung dieser Unterscheidung liegt auf der Hand, Fehlbuchungen, die durch Irrtümer in der Wahl der Formulare hervorgerufen werden könnten, sind so gut wie ausgeschlossen, denn „das Auge kontrolliert den Verstand".

Auf den Kontokorrent-Karten können Sollsalden durch rote Schrift hervorgehoben werden.

Die Klammer [kennzeichnet die auf den Rückseiten der Formulare karbonisierten Flächen.

1. Die Kasse.

In der Regel wird auch eine Großbank mit einer Buchungsmaschine für Ein- und Auszahlung auskommen, andernfalls muß je eine Maschine aufgestellt werden.

Bei Organisation A wird die „Unreine Kasse" zur Kontrolle noch mitgeführt und zur Sicherheit gegen den evtl. Verlust des vom Kunden ausgeschriebenen Einzahlungszettels, der vom Kassierer sofort in die Maschinen-Abteilung geleitet wird zwecks Ausstellung der Original-Quittung und ihrer Verbuchung. Gleichzeitig mit der Ausschreibung dieser Quittung und der Kopie wird die „Reine Kasse" und das entsprechende Kontokorrent gebucht (s. Formulare 1, 2, 23 u. 23 A).

Da die Originalquittung bei dieser Organisation nicht an der Kasse, sondern in der meistens räumlich von ihr getrennt liegenden Maschinen-Abteilung ausgeschrieben wird, das Ausschreiben, sowie Hin- und Rückweg immerhin einige Zeit erfordert, kann man ungeduldiger Kundschaft eine Interims-Quittung ausstellen und die Original-Quittung entweder dann durch die Post übersenden oder zur Abholung an der Kasse bereitstellen.

Bei Organisation B wird die Quittung mit dem Buchungsvorgang gleich am Kassenschalter erstellt. Die Unreine Kasse kann hier fortfallen. Die Quittungskopie muß vom Kassierer sofort zur Kontokorrent-Buchungsmaschine geleitet werden.

Auszahlungen erledigen sich analog (s. Formular 1, 3, 23 u. 23 A). Der Kontokorrent-Kartenverwalter ist dafür verantwortlich, daß keine unberechtigten Kontoüberziehungen getätigt werden.

Die abendliche Abstimmung ist sehr einfach. Die in den Zählwerken ersichtlichen Zahlen werden herausgeschrieben, wodurch auf der Prima-Note die Endsummen der einzelnen Spalten, also Soll, Haben, alter Saldo und neuer Saldo erscheinen.

Es ist dann: Alter Saldo
+ Einzahlung
⁒ Auszahlung = Neuer Saldo
und: Saldo vom Vortag
+ Einzahlung
⁒ Auszahlung = Kassabestand.

2. Die Giro-Abteilung.

Besondere Bedeutung hat die maschinelle Verbuchung für die Giro-Abteilung, da hier alle ein- und ausgehenden Reichsbank-Giro-Überweisungen und -Zahlungen, Postscheck- und Postanweisungszahlungen und alle internen Überträge erledigt werden.

Da für alle Eingangs-Buchungen ja in der Regel bereits die Belege vorliegen, bei Postüberweisungen die Postabschnitte, bei Giro-Überweisungen die Avise, gelangen diese Belege, nachdem der Eingang der betreffenden Posten festgestellt ist, mit der Bezeichnung des Kontos, dem der Betrag gutgeschrieben werden soll, zur Giro-Buchungsmaschine.

Mit der Verbuchung in die Prima-Note wird gleichzeitig die Gutschriftsanzeige für den kreditierten Kunden und eine Kopie für die Registratur ausgeschrieben. Analog erledigen sich die Überweisungsaufträge (s. Formulare 4—7).

Wo es zur Vereinfachung der Abstimmung vorgezogen würde, jede Girozahlung nach Eingangs- bzw. Ausführungsart in besonderen Spalten auszuwerfen, könnte dies durch entsprechende Veränderung der Prima-Note leicht erreicht werden.

3. Die Scheck-Wechsel-Abteilung.

Auch in dieser Abteilung erzielt man mit der maschinellen Organisation eine außerordentliche Verkürzung der Arbeitsvorgänge, denn mit der Rimessen-Abrechnung werden gleichzeitig Primanota und Wechselkopierbuch geführt.

Für die auf Inkasso-Rimessen entstehenden Spesen weist die Prima-Nota besondere Spalten auf, die ebenfalls automatisch addiert werden (s. Formulare 8—10).

Ebenso wie bei vielen Banken das Wechselskontro nach den Abrechnungen oder Kopien, also nach denselben Belegen, wie die Prima-Nota gebucht wird, läßt sich auch bei der maschinellen Verbuchung das Skontro mit der Prima-Nota verbinden.

Aus technischen Gründen werden dann zweckmäßig Prima-Nota und Skontro in Ein- bzw. Ausgang getrennt und das Skontro in Kartenform ausgelegt. Die Endzahlen der Prima-Noten und Skontrobuchungen stimmen dann zwangsläufig überein.

Die Mitführung des Wechselskontros — ebenso wie aller anderen Skontren — empfiehlt sich allerdings nur bei Organisation B, da bei A bereits die Kontokorrent-Karten mitgeführt werden.

4. Die Effekten-Abteilung.

In der Regel beginnt jedes Bank-Institut, das die maschinelle Organisation einführen will mit der Umstellung der Effekten-Abteilung. Der Grund hierfür liegt nahe.

Da in der Effekten-Abteilung durch das Ausschreiben von An- und Verkaufsrechnungen Massenarbeit zu erledigen ist, läßt sich gerade in dieser Abteilung sehr leicht feststellen, ob das maschinelle System rationeller arbeitet als das handschriftliche. Gewöhnlich sind die hier gemachten Erfahrungen bestimmend für das Tempo der Umstellung des ganzeu Betriebes.

Mit der Effekten-Abrechnung werden gleichzeitig Effekten-Primanota und Depot-Primanota — beide entsprechend getrennt nach An- und Verkauf (Ein- und Ausgang) — gebucht (s. Formulare 11—13, 14—16).

Die Abrechnungen erhalten notwendigerweise ein langes, schmales Format, da wegen der Anordnung der Zählwerke, die ja die einzelnen Beträge aufnehmen müssen, Nennwert, Wertpapierbezeichnung, Kurs, Kurswert usw. nebeneinander — statt bisher untereinander — erscheinen müssen. Die in den Depot-Primanoten befindlichen Spalten, die im maschinellen Arbeitsgang nicht ausgeführt werden (s. Formular 11 und 14 Spalte 6—11), werden handschriftlich nachgetragen. Für Hinzufügung von Stücknummern bleibt (links in der Spalte Depotinhaber) entsprechend freier Raum.

Bei Organisation B würde sich die Mitführung des Effekten-Skontros empfehlen. Es müßte wie das Wechselskontro in Kartenform geführt werden, so daß evtl. jede Effektenart eine besondere Karte erhalten könnte (s. Seite 10 Abs. 4). Die in einem Arbeitsgang zu „bebuchenden" Formulare müßten naturgemäß dann aufeinander abgestimmt werden. Die Mühe des besonderen Einlegens der Skontrokarten in die Maschine würde sich reichlich bezahlt machen, da die Gefahr von Übertragungsfehlern mit allen ihren unangenehmen Folgen ausgeschaltet wird.

5. Die Devisen-Abteilung.

Was von der Effekten-Abteilung gesagt wurde, gilt auch sinngemäß für die maschinelle organisierte Devisen-Abteilung, da ja auch hier An- und Verkaufsrechnungen auszustellen und zu verbuchen sind (s. Formular 17—19, 20—22). Bei Organisation B erweist sich auch hier die Mitführung des Devisenskontros als außerordentlich zweckmäßig.

Die Möglichkeit, alle Verbuchungen, Aufgaben und Avise, die ein Geschäftsvorfall notwendig macht, gleichzeitig erledigen zu können, ist für die Devisen-Arbitrage von ganz besonderer Bedeutung. Während es bisher in einem vollbeschäftigten Betriebe nur durch scharfe Kontrolle möglich war, festzustellen, ob alle Aufgaben und Avise erledigt waren, ist dieser Nachteil beim maschinellen System dadurch behoben, daß alle für ein Arbitrage-Geschäft notwendigen Formulare bereits fertig gebündelt in die Maschine gelangen und somit zwangsläufig nichts vergessen werden kann.

6. Die Sorten- bzw. Coupons-Kasse.

Auch in diesen beiden Spezial-Abteilungen findet das maschinelle System ein reiches Feld für seine Anwendung.

In erster Linie wird auch hier die Prima-Notenführung mit der Erstellung der Abrechnungen verbunden. Bei Organisation B können auch die Skontren gleichzeitig mitgeführt werden.

Wenn für beide Abteilungen eine Buchungsmaschine eingestellt ist, kann man die Abrechnungsformulare zweckmäßig so gestalten, daß sie sowohl für Sorten- als auch für Kupons-Abrechnungen verwendet werden können.

Da die Formulare für beide Abteilungen naturgemäß denen der Effekten- bzw. Devisen-Abteilung ähnlich sind, brauchten sie hier nicht wiedergegeben werden.

F. 1

Alter Saldo	EMPFÄNGER oder EINZAHLER	Kunden Nr.	Bele Nr.
*······300 00	BAREINZAHLUNG	65	
*······675 00	ABHEBUNG	23	
*······95 00	BAREINZAHLUNG	127	
150 00	BAREINZAHLUNG	39	
*······210 00	BAREINZAHLUNG	66	
*······2133 00	ABHEBUNG	34	
*······3263 00			
	KONTROLLE		
	ALTER SALDO		
	+ EINZAHLUNG		
	./. AUSZAHLUNG		
	NEUER SALDO		
	SALDO VOM 31. JULI		
	+ EINZAHLUNG		
	./. AUSZAHLUNG		
	KASSA-BESTAND V.1.AUGUST		

F. 2

Vor Ausgabe abtrennen!

Deutsche Handels-Bank A.-G. Berlin — Berlin, den 1. 8

Von FIRMA G. SCHMIDT,
Für Rechnung EIGENE

BERLIN

wegen
Konto:

Alter Saldo — Zahlung

Kunden Nr	B. Nr.
65	

*······300 00 BAREINZAHLUNG

M. ----HUNDERTFUENFUNDSIEBZIG-------

erhalten zu haben, bescheinigt

F. 3

Deutsche Handels-Bank A.G. Berlin — Berlin, den 1. 8.

HERREN GEBR. MEIER &CO,

BERLIN SW
KAISERSTRASS

wegen
Konto:

Alter Saldo — Wir buchen in Ihr **SOLL** — Zahlung

Kunden Nr	B. Nr.
23	

*······675 00 ABHEBUNG

M. ----HUNDERTFUENFUNDZWANZIG-------

Kasse vom 1. AUGUST 1924

…NG	EINZAHLUNG	Neuer Saldo		KONTOINHABER
	175 00	175 00*	1	FA. G. SCHMIDT, BERLIN W 24
5 00		550 00*	2	GEBR. MEIER &CO. BERLIN SW. KAISERSTRASSE 2
	674 25	769 25*	3	W. & H. MUELLER, BERLIN W 5, HERMANNSTRASSE 6
	550 00	700 00*	4	METALLWERK STEIN & CO, BERLIN-FRIEDENAU
	3565 00	3775 00*	5	BANKHAUS SCHNEIDER, BLN. W. HEDEMANNSTR.
5 00		658 00*	6	LEDERFABRIK GUENTHER, BLN. SW. MAINZERSTRASSE 35
0 00	4964 25	6627 25*	7	
			8	
			9	
5 00			10	
4 25			11	
0 00			12	
1 25*			13	
			14	
4 25			15	
4 25			16	
0 00			17	
5 50*			18	
			19	
			20	
			21	

…ung.

Vor Ausgabe abtrennen!

Neuer Saldo

…k | 175 00 | 175 00*

…dels-Bank A.G.
…l i n

Neuer Saldo

00 | Mark | 550 00*

Hochachtungsvoll

…tsche Handels-Bank A.G.
Berlin

F. 4

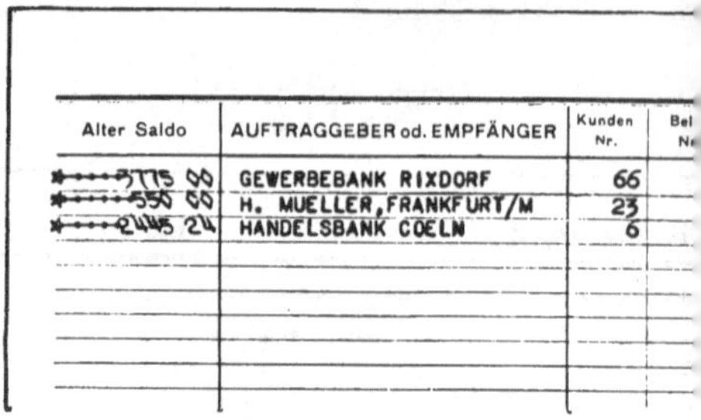

Alter Saldo	AUFTRAGGEBER od. EMPFÄNGER	Kunden Nr.	Bel Nr
*····3775 00	GEWERBEBANK RIXDORF	66	
*····550 00	H. MUELLER, FRANKFURT/M	23	
*····2445 24	HANDELSBANK COELN	6	

F. 5

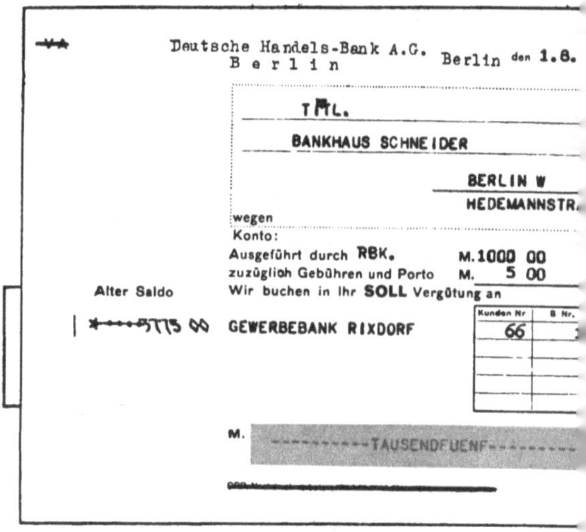

Deutsche Handels-Bank A.G.
Berlin
Berlin den 1.8.

TITL.
BANKHAUS SCHNEIDER
BERLIN W
HEDEMANNSTR.

wegen
Konto:
Ausgeführt durch RBK. M. 1000 00
zuzüglich Gebühren und Porto M. 5 00
Alter Saldo
Wir buchen in Ihr SOLL Vergütung an
Kunden Nr | B Nr.
*····3775 00 GEWERBEBANK RIXDORF 66

M. ----------TAUSENDFUENF---------

F. 6

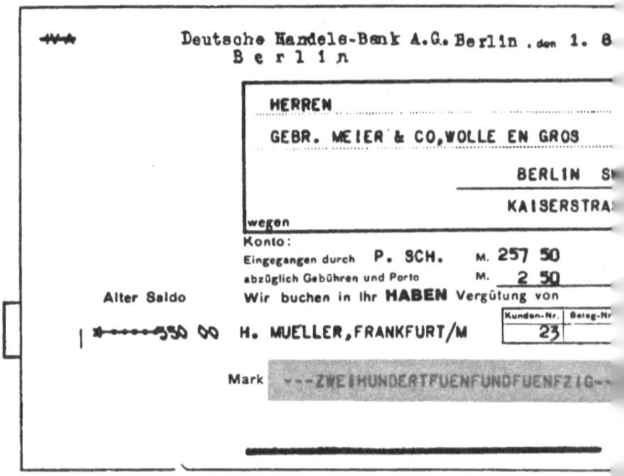

Deutsche Handels-Bank A.G. Berlin . den 1. 8
Berlin

HERREN
GEBR. MEIER & CO, WOLLE EN GROS
BERLIN SW
KAISERSTRA

wegen
Konto:
Eingegangen durch P. SCH. M. 257 50
abzüglich Gebühren und Porto M. 2 50
Alter Saldo
Wir buchen in Ihr HABEN Vergütung von
Kunden-Nr. | Beleg-Nr
*····550 00 H. MUELLER, FRANKFURT/M 23

Mark ---ZWEIHUNDERTFUENFUNDFUENFZIG--

F. 7

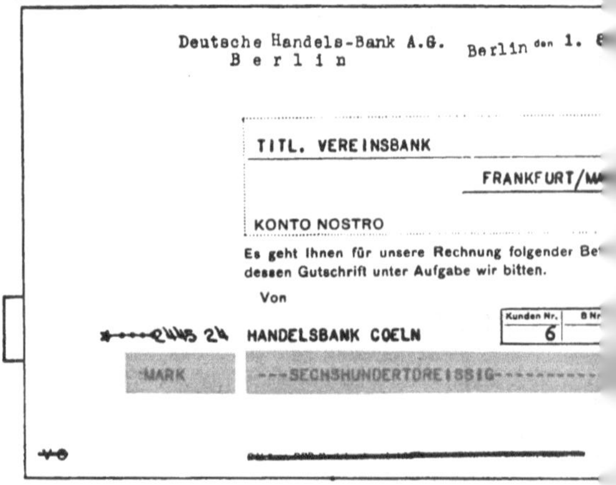

Deutsche Handels-Bank A.G.
Berlin
Berlin den 1. 8

TITL. VEREINSBANK
FRANKFURT/M

KONTO NOSTRO
Es geht Ihnen für unsere Rechnung folgender Be
dessen Gutschrift unter Aufgabe wir bitten.

Von
Kunden Nr. | B Nr
*····2445 24 HANDELSBANK COELN 6

MARK ---SECHSHUNDERTDREISSIG----------

nota vom 1. AUGUST 1924

	HABEN	Neuer Saldo		KONTOINHABER
00		2770 00	1	BANKHAUS SCHNEIDER, BLN. HEDEMANNSTR.
	255 00	805 00	2	GEBR. MEIER & CO, BERLIN SW, KAISERSTR.2
00		3075 2[illegible]	3	VEREINSBANK FRKF./M. KT.NOSTRO
			4	
			5	
			6	
			7	
			8	
			9	
			10	

Neuer Saldo

00	Mark	2770 00
	Mark	
	Mark	
	Mark	
	Mark	

Hochachtungsvoll

…che Handels-Bank A.G.
…erlin

Neuer Saldo

	255 00	805 00

Hochachtungsvoll

…che Handels-Bank A.G.
…erlin

…BEN

00	3075 2[illegible]

…che Handels-Bank A.G.
…erlin

F. 8

Scheck- / Wechsel- Eingang-Buch

Ausstellungs-Datum und Ort	Buchungstext: Ort	Buchungstext: Verfall	Kunden-Nr.	Wechsel-/Scheck-Nr.	Wert u. d. v.	am:
29.7. Frkf./M.	FRANKFURT/MAIN	SCHECK	66	3456	5. 8.	[illegible]
27.7. [illegible]dorf	COELN/RH.	SCHECK	66	3457	5. 8.	[illegible]
30.7. Magdeburg	MAGDEBURG	SCHECK	66	3458	3. 8.	[illegible]
30.7. Berlin	BERLIN	SCHECK	66	3459	2. 8.	[illegible]

F. 9

Per Scheck- / Wechsel- Konto We… Sch…

Alter Saldo	Buchungstext: Ort	Buchungstext: Verfall	Kunden-Nr.	Wechsel-/Scheck-Nr.	Wert u. d. v.	Tage
*——2770 00	FRANKFURT/MAIN	SCHECK	66	3456	5. 8.	
*——3120 00	COELN/RH.	SCHECK	66	3457	5. 8.	
*——3354 75	MAGDEBURG	SCHECK	66	3458	3. 8.	
*——3411 00	BERLIN	SCHECK	66	3459	2. 8.	

F. 10

Deutsche Handels-Bank A.G.
B e r l i n

Berlin den 1. …

TI…

Wir haben Sie für eingereichte **Schecks** bzw. **Wechsel** laut nachstehender Abrechnung **erkannt**.

Hochachtungsvoll

Deutsche Handels-Bank A.G.
B e r l i n.

227[redacted]

Alter Saldo	Buchungstext: Ort	Buchungstext: Verfall	Kunden-Nr.	Wechsel/Scheck-Nr.	Wert	El…
*——2770 00	FRANKFURT/MAIN	SCHECK	66	3456	5. 8.	
*——3120 00	COELN/RH.	SCHECK	66	3457	5. 8.	
*——3354 75	MAGDEBURG	SCHECK	66	3458	3. 8.	
*——3411 00	BERLIN	SCHECK	66	3459	2. 8.	

vom 1. AUGUST 192 4

	Bezogener	Nennwert	Eingegangen am	Bemerkungen	Kontoinhaber	
	H. Bk. Pf.	350 00			BANKH. SCHNEIDER	1
Co	Dresdner Bk	234 75			BANKH. SCHNEIDER	2
[illegible]	„ „	56 25			BANKH. SCHNEIDER	3
Co	H. Bk. Ber.	455 00			BANKH. SCHNEIDER	4
						5
						6
						7
						8

vom 1. AUGUST 192 4

N	NEUER SALDO	Nennwert und Betrag für Rescontro	Diskont	Stempel	Provision	Porto u. Spesen	Kontoinhaber	
50 00	3120 00*						BANKH. SCHNEIDER	1
34 75	3354 75*						BANKH. SCHNEIDER	2
56 25	3411 00*						BANKH. SCHNEIDER	3
55 00	3866 00*						BANKH. SCHNEIDER	4
								5
								6
								7
								8

L I N W

MANNSTRASSE

	NEUER SALDO
00	3120 00*
75	3354 75*
25	3411 00*
00	3866 00*

F. 11

In Depot

	Währung Nennwert	Gattung	Kurs	Kunden-Nr.	B. Nr.	Wert	Zinsen Reichsstem… evtl. Nost…
1	6.000	CHEM. ZEITZ	3	65	1	30.7.	
2							
3							
4							
5							
6							
7							
8							

F. 12

An Effektenkonto

	Währung Nennwert	Gattung	Kurs	Kunden-Nr.	B. Nr.	Wert	SO…
*------475 00	6.000	CHEM. ZEITZ	3	65	1	30.7.	

F. 13

Kauf.

FA.

G.

228

	Alter Saldo	Währung Nennwert	Gattung	Kurs	Kunden-Nr.	Beleg-Nr.	Wert	S…
	*------475 00	6.000	CHEM. ZEITZ	3	65	1	30.7.	
VIII A								

vom 1. AUGUST 1924

gerstelle	Nunmehriger Bestand	Pers. Dep. Seite	Gatt. Dep. Seite	Depotinhaber Falls „Nostro": Aus Depotstelle
Bk. Bl.	17.000	56	24	Lit. A. 545512/17 FA.G.SCHMIDT.BLN.
				2
				3
				4
				5
				6
				7
				8

vom 1. AUGUST 1924

	Kapital Zinsen	Provision	Kurtage Porto	Steueramts-Konto	Stempel-Konto	Kontoinhaber	Seite
289 30	180 00	2 10	30	3 00	30	FA.G.SCHMIDT.BLN.	1
							2
							3
							4
							5
							6
							7
							8

L I N W 24

Berlin den 1.AUGUST 1924.

Wir haben Sie für gekaufte **Wertpapiere** laut nachstehender Abrechnung **belastet.** Stücke zu **Gunsten** Depotkontos. lieferten wir Ihnen.

Hochachtungsvoll

Deutsche Handels-Bank A.G.
Berlin

Neuer Saldo	Kapital Zinsen	Provision und Maklergebühr	Porto, Depeschen- u. Fernsprechgebühren	Heute im Abrechnungsverfahren verrechn. Stempel	Zusatz-Stempel	Kontoinhaber
289 30	180 00	2 10	30	3 00	30	FA.G.SCHMIDT.BLN

Zu Seite 17

F. 14

Aus Depot

Währung Nennwert	Gattung	Kurs	Kunden-Nr.	B. Nr.	Wert	Zi… Reichs… evtl.
3.600	DISCONTO	8,5	23	1	2. 8.	
20.000	BAYER.V.-BK.	1,5	23	1	2. 8.	

F. 15

Per Effektenkonto Eff…

	Währung Nennwert	Gattung	Kurs	Kunden-Nr.	B. Nr.	Wert
*------805 00	3.600	DISCONTO	8,5	23	1	2. 8.
*------1101 80	20.000	BAYER.V.-BK.	1,5	23	1	2. 8.

F. 16

Verkauf.

Wir erkenne…
Wertpapiere lau…
rechnung. Stücke z…

	Alter Saldo	Währung Nennwert	Gattung	Kurs	Kunden-Nr.	B. Nr.	Wert
	*------805 00	3.600	DISCONTO	8,5	23	1	2. 8.
	*------1101 80	20.000	BAUER.V.-BK.	1,5	23	1	2. 8.
VII A							

ota vom 1. AUGUST 1924

Lagerstelle	Nunmehriger Bestand	Pers. Dep. Seite	Gatt. Dep. Seite	Depotinhaber Falls „Nostro“: In Depotstelle	
D. Bk. Bln.	8.400	84	32	1 [illegible] 6411/13	GEBR. MEIER & CO
[illegible]	16.000	84	16	2 [illegible] 12815/34	GEBR. MEIER & CO
				3	
				4	
				5	
				6	
				7	
				8	

a vom 1. AUGUST 1924

		Kapital Zinsen	Provision	Kurtage Porto	Steueramts-Konto	Stempel-Konto	Kontoinhaber	Seite
0	1101 80	306 00	3 10	50	4 70	90	GEBR. MEIER & CO	1
0	1392 90	300 00	3 00	50	4 50	90	GEBR. MEIER & CO	2
								3
								4
								5
								6
								7
								8

Berlin den 1. AUGUST 1924

kaufte
er Ab-
kontos.

Hochachtungsvoll

Deutsche Handels-Bank A.G.
Berlin

Mk. 9.20 Reichsstempelabgabe
im Abrechnungsverfahren
am 1.8.24 verrechnet.

	Neuer Saldo	Kapital Zinsen	Provision	Kurtage Porto	Steueramt	Stempel	Kontoinhaber
	1101 80	306 00	3 10	50	4 70	90	GEBR. MEIER & CO
	1392 90	300 00	3 00	50	4 50	90	GEBR. MEIER & CO

F. 17

Per Auslands-Positionen
An Währungskonto
In Depot

Loro Fol.	Ausl. Pos.	Depot Fol.	Währung Nennwert	Text	Kurs	Kunden-Nr.	B. Nr.	Wert
		113	HFL.100	NOTEN	1.65	23	1	1. 8.

F. 18

An Devisen- / Sorten- Konto
Devisen- / Sorten-

Alter Saldo	Währung Nennwert	Text	Kurs	Kunden-Nr.	B. Nr.	Wert
*.....1392 90	HFL.100	NOTEN	1.65	23	1	1. 8.

F. 19

Kauf.

Wir belasten Sie für
Devisen / Sorten laut nachstehender
ausgeliefert — zu **Gunsten**

	Alter Saldo	Währung Nennwert	Text	Kurs	Kunden-Nr.	B. Nr.	Wert
	*.....1392 90	HFL.100	NOTEN	1.65	23	1	1. 8.
XA							

[redacted]

HOLL. G.	SCHWZ. FFR.	FRANZ. FR.	BELG. FR.	JTAL. LIRE	OESTER. KR	Kontoinhaber Loro — Nostro	
100						GEBR. MEIER & CO	1
							2
							3
							4
							5
							6
							7
							8

vom 1. AUGUST 1924

DV [redacted]

Neuer Saldo	Betrag für Devisen-Sorten-Kto.	Provision Kurtage	Versch.	Steueramt	Stempel	Kontoinhaber	
1224 60	165 00	1 50		1 50	30	GEBR. MEIER & CO	1
							2
							3
							4
							5
							6
							7
							8

Berlin, den 1. AUGUST 1924

Hochachtungsvoll

Deutsche Handels-Bank A.G.
Berlin

Mk. 1.50 Reichsstempelabgabe im Abrechnungsverfahren am 1.8.24 verrechnet. Nr.

BV [redacted]

Neuer Saldo	Betrag für Devisen-Sorten-Kto.	Provision Kurtage	Versch.	Steueramt	Stempel	Kontoinhaber
1224 60	165 00	1 50		1 50	30	GEBR. MEIER & CO

Zu Seite 18

F. 20

An Auslands-Positionen / Per Währungskonto — Aus Depot

Loro Fol.	Ausl. Pos.	Depot Fol.	Währung Nennwert	Text	Kurs	Kunden Nr.	B. Nr.	Wert	Pfu... Stert...
		117	A.DOLLAR	200 SCHECK	4.23	65	1	1. 8.	

F. 21

Per Devisen- / Sorten- Konto — Devisen- / Sorten-

Alter Saldo	Währung Nennwert	Text	Kurs	Kunden-Nr.	B. Nr.	Wert
*------289 30	A.DOLLAR	200 SCHECK	4.23	65	1	1. 8.

F. 22

Deutsche Handels-Bank A.G.
Berlin

FIRMA
G.

	Alter Saldo	Währung Nennwert	Text	Kurs	Kunden-Nr.	Beleg-Nr.	Wert
	*------289 30	A.DOLLAR	200 SCHECK	4.23	65	1	1. 8.
IX E							

. G.	SCHWZ.FR.	FRANZ.FR.	BELG. FR.	JTAL.LIRE	OESTER.KR	Kontoinhaber Loro — Nostro
						FA.G.SCHMIDT.BLN. 1
						2
						3
						4
						5
						6
						7
						8

n 1. AUGUST 1924

Neuer Saldo	Betrag für Devisen-Sorten-Kto.	Provision Kurtage	Versch.	Steueramt	Stempel	Kontoinhaber
1118 20	846 00	6 30		9 00	1 80	FA.G.SCHMIDT.BLN. 1
						2
						3
						4
						5
						6
						7
						8

I N W 24

Berlin den 1. AUGUST 1924

Wir haben Sie für von Ihnen zu **Lasten** Ihres Währungskontos— Stückekontos **übernommene Devisen** bzw. **Sorten** laut nachstehender Abrechnung **erkannt.**

Hochachtungsvoll

Deutsche Handels-Bank A.G.
Berlin

Neuer Saldo	Kurswert	Provision und Maklergebühren	Porto, Depeschen- u. Fernsprechgebühren	Heute im Abrechnungsverfahren verrechn. Stempel	Zusatz-Stempel	Kontoinhaber
1118 20	846 00	6 30		9 00	1 80	FA.G.SCHMIDT.BLN

Zu Seite 13 Abs. 1

F. 23

NAME: HERREN GEBRUEDER MEIER & CO.

WOHNORT: B E R L I N SW
KAISERSTRASSE 2

Seite: 1

1924	Alter Saldo	BUCHUNGSTEXT	Kunden Nr.	Beleg Nr.	Verfall	SOLL	HABEN	Neuer S…
1. 8.	675 00	ABHEBUNG	23	2	1. 8.	125 00		55…
	550 00	H.MUELLER, FRANKFURT/M.	23	2	1. 8.		255 00	80…
	805 00	3.600 DISCONTO	23	1	2. 8.		296 80	110…
	1101 80	20.000 BAUER.V.-BK.	23	1	2. 8.		291 10	139…
	1392 90	HFL.100 NOTEN	23	1	1. 8.	168 30		122…

F. 23 A

NAME: HERREN GEBRUEDER MEIER & CO.

im Kontokorrent mit

WOHNORT: B E R L I N SW
KAISERSTRASSE 2

Deutsche Handels-Bank A.G.
B e r l i n

Seite: 1

1924	Alter Saldo	BUCHUNGSTEXT	Kunden Nr.	Beleg Nr.	Verfall	SOLL	HABEN	Neuer S…
1. 8	675 00	ABHEBUNG	23	2	1. 8.	125 00		5…
	550 00	H.MUELLER, FRANKFURT/M	23	2	1. 8.		255 00	8…
	805 00	3.600 DISCONTO	23	1	2. 8.		296 80	11…
	1101 80	20.000 BAUER.V.-BK.	23	1	2. 8.		291 10	13…
	1392 90	HFL.100 NOTEN	23	1	1. 8.	168 30		122…

Kolibri 360 GmbH
Ferdinand-Jühlke-Straße 7
99095 Erfurt, Deutschland
produktsicherheit@kolibri360.de